아우르는 삶

# 아우르는 삶

강경원 시집

● 시인의 말

# 아우르는 삶

  학창 시절, 공부 열심히 해 우수 성적 거두어 좋은 고등학교 가야 한다는 강박관념을 가진 시절. 농토가 많았던 부유한 가정. 세월이 뒤집어져도 우리 장남 대학교는 꼭 마치게 하신다는 어머님 말씀에 빙그레 웃으시는 아버지. 가시랭이 볏단 먼지 속에서 웃으며 말씀하신 걸 여러 번 듣고 자랐다.

  사전이 없어 단어 두 자 뜻 물어보려 밤길 걸어 십일 월 추운 밤 친한 초등학교 선배 형 방문을 두드리니 들어와, 춥다. 아니야, 가야 돼. 내 여기 혼자 온 줄 알면 엄마 아부지한테 혼나. 빨리 가야 돼. ○○뜻만 가르쳐 줘. 추운데 기다려 봐. 동네 전체에 달랑 사전 한 권 있는 그 시대의 섬, 밤. 친한 선배의 방문 앞. 소리 다 들리도록 내가 가지고 간 단어 뜻 읊어주며 잊어 먹는다며 풀이내용 몽당연필로 누런 밀가루 포대 뜯어 만들어 둔 메모지에 베껴 뜻풀이 써 주는 고마운 형. 같이 놀이하고 놀 때는 말 올림 없이 반말. 그냥 친구 같은 사이. 고마워, 낼 봐. 어둡다, 조심해라. 고마워.
  돌아오는 길 지나치는 논 한 켠에서 지난여름 굵은 뱀이 나와 친구가 도망가다 물 있는 논에 미끄러져 처박혀 지난 읍내장에서 산 흰색점퍼에 물이 들어 지워지지 않아 아까운 걸 버렸고 뒈지게 제 엄마한테 맞은 이야기며 깊은 밤, 볼일 보러 나왔다 멀리 있는 산등성이에서 도깨비불이 나와 왔다 갔다 하는 걸 동네 사람 둘이나 본 이야기 땜에 집 내 방 들어오기 전까지 무엇이 등을 움켜쥘 것 같은 불안 초조의 어린 마음으로 잘해 보자, 라는 공부 때문에 애태우는 때도 있었지만 무산되는 꿈.

  전날부터 머리에 열이 있고 속이 미식거리며 어지러웠다. 산 넘어 우리 학교가 있어 매일 하듯이 겨우 걸어 등교는 했으나 수업시간에 힘도 없고 빙글빙글 도는 물체에다 구역질까지 했으니 우리 반은 나로 인해 수업이 중단되고 차 없는 시절, 덩치 큰 친구들 등에 교대로 업혀 산길 등성이 두 번 넘어 여객선 타고 바다 건너 한 시간 거리 육지 의원에 입원했다. 잠자는 듯 누워 있는 내 곁에서 의사선생님과 부모님의 대화 중 이런 병으로 치료 중 죽을 수도 있다고 하였으며 그 시절 의원에서 있었던 안 좋은 경험담을 듣고 눈물 흘리며 죽는 건가, 하는 때도 있었지만 입원 몇 개월 시간

가니 차츰 좋아지기는 했지만 공부하다 일어난 병이라 더 이상 공부하면 큰일 난다고들 하셔서 나의 일생에 공부란 단어는 막을 내리고 말았다.

   집에서 할 일 없이 빈둥거리며 시간을 보내는 때, 달 없이 유난히 별 총총 반짝이는 밤. 나의 학업중단 소식 등 아픔을 아신 이웃 어르신 거나하게 취하셔서 아픔에서 깨어나지 않은 나의 손을 붙잡고 이제는 건강만, 건강만 해라. 옛적 어느 어르신이 너같이 몸 아파 공부를 포기하고 건강만 생각하며 사셨는데 칠십 넘어서 천자문 떼고 훌륭한 일 하며 사셨다는 말씀, 지금도 고맙게 기억하며 존경합니다.

   전전긍긍하며 돌아보니 아스라한 기억들.
   여기 올 때까지 그래도 착하게 살려고 노력했고 경험해 본 세월.
   독하게 아파 본 삶에서 자연히 물드는 청정심.
   이제는 작은 내 마음에서 "아우르는 삶" 되도록 노력하겠습니다.

   (아우르다 : 여럿을 모아서 하나가 되게 하다)

2024년 6월
## 강 경 원

## 제1부

# 사랑이라는 착시

● 시인의 말

사랑이라는 착시 __ 15

니만 바쁘게 사나 __ 16

나에게 도리란 __ 17

詩 기운 받으러 __ 18

비 오는 여름 대금 천년학을 들으며 __ 19

예쁜 고양이 __ 20

허무 __ 21

멍 __ 22

원광소원 __ 23

가을 타는 듯 __ 24

마음의 동요 __ 25

회상 __ 26

그리운 친구들 __ 27

빗속에 생각난 친구 __ 28

# 제2부
# 봄비 내리는 실개천

내심 _ 31

나의 삶 _ 32

바른 길 _ 33

마음의 병 _ 34

가을 단상 _ 35

詩를 찾아서 _ 36

詩의 목마름 _ 37

세상이 왜 이래 _ 38

어떤 삶 _ 39

詩 찾으러 _ 40

촌놈일언 _ 41

공 _ 42

습작기 _ 43

봄비 내리는 실개천 _ 44

## 제3부
# 사랑초 고마워

시인 선생님 __ 47

텃밭 고초 __ 48

쫓겨나기 싫은 일꾼 __ 49

산장에서 __ 50

사랑초 고마워 __ 51

아버지의 가르침 __ 52

어릴 적 친구 __ 53

신혼 까치부부 __ 54

후회 __ 55

강변 __ 56

새봄 __ 57

봄비 내리는 밤 __ 58

수심에 잠긴 섬 아낙 __ 59

여행 중 __ 60

고마운 버스 __ 61

심사숙고 __ 62

제4부
# 내 마음 봄은 또 그렇게

생의 구애 __ 65
수도꼭지 __ 66
섬 봄밤 __ 67
어떤 제안 __ 68
봄 기다림 __ 69
원 __ 70
봄 __ 71
고마워 __ 72
청명혈(清明血) __ 73
버스 승강장 __ 74
잡초·1 __ 75
잡초·2 __ 76
잡초·3 __ 77
잡초·4 __ 78
섬 산 위에서 __ 79
여린 음나무 순 __ 80
詩 찾아 __ 81

- 수필 어리숙한 정 __ 82
  푼수와 오지랖 사이 __ 89
- 해설
  강경원 시인의 진솔하고 담백한 성찰의 詩세계 / 김천우 __ 94

# 제1부
## 사랑이라는 착시

## 사랑이라는 착시

저물녘 일광해수욕장
해 뜬 자리 지는 노을이 눈부시다

끼룩끼룩 갈매기 사라진 모래밭에
혼자 걸어간 저 쓸쓸한 발자국
그대가 남기고 간 한 줄 연서 같아

파도에
가만히 밀려왔다 밀려가는 사람아

기다림이란
한 세월 모래톱에 쓸리는 조가비
저무는 바다에 살푼거리는 윤슬

## 니만 바쁘게 사나

대금을 배우고 싶고
색소폰도 배우고
컴퓨터 기타도 배우고 싶다
배우고 싶은 게 너무 많다
그러나 시간이 없다

이러다
한 가지도 이루지
못하면 어쩌나
말이 안 된다
기가 차다

니만 바쁘게 사나!

# 나에게 도리란

도리가 뭐일까
할 것 다 하고

즐길 것 즐기고
슬픔 같이하고

기쁨도 같이하고
더러는 남의
쓰린 가슴 안아도 주고

남을 위해 도와도 주고
죄 안 짓고 사는 거
그게 아마

## 詩 기운 받으러

詩 기운 받으러
산 들 강 바다로 훑고 다녔어도

詩의 작은 먼지도 하나 내 몸에
묻혀오지 못하고 하루죙일

죄 없는 펜과
메모지 만지작거리다

그리움만 한 아름 더
안고 돌아왔다

# 비 오는 여름 대금 천년학을 들으며

마음의 눈과 귀가 온 사물과 소통할 제
조용히 작디작은 마음 문 행복을 연다

온 우주 법칙을 가슴으로 안을 때
갓난동자 천진난만 미소 온 세상과 공유한다

가진 것 없지만 마음은 천만 석 부자요
세상의 모든 이치 눈 감고도 알 듯하니

내 가진 마음 못 주어 애태우고 구제의 편에 서서
석양 노을 바라보며 근심에 쌓인 님들에게
힘내시라 손짓한다

# 예쁜 고양이

낯선 길 숲속에서
길고양이를 만났다

윤기 나는 잿빛 융털
귀공자 냥이

눈 마주치는
달려와 뒹굴며 애교
부리는 녀석

무슨 교감이라도 있었는 듯
이렇게 거리낌 없이
다가서 정 주는 게
무슨 인연일까

한참을 놀다
돌아서는 마음
애달프기까지

# 허무

흐린 눈 허공만 바라보다
고개 떨구는 나날
무얼 그리 잘못 했는지
무얼 그리도 잘못 살았는지
기세등등했던 그 자존 다 어디가고
버림받은 듯 수용된 영혼

먹고 싶은 것 먹을 수 없고
자유마저 잃어버린 부질없는 육신
금이야 옥이야 키워 놓아도
창밖 따뜻한 면회는 언제였는지
그저 흘러가는 그리운 강물이다

죽고 싶어도 죽을 수조차 없는
내 몸 마음하나 어쩌지 못하는
이곳이생의 종착역인가
아

# 멍

아파트의 겨울 새벽 6시
자고 일어나 보니
빼꼼 열린 방에 아내가 없다
각방 쓴 지 몇 해 지나고
부부로 살아온 지 사십여 년 만에
처음 있는 기괴한 일

겨울의 창문도 살피고 창고
큰방 작은방 앞뒤 베란다 화장실
다 찾아봐도 흔적이 없다
마음에서 내 잘못함이 춤춘다

각박한 세상을 읽어온 머리
있는 수단 없는 생각 다 동원해
무얼 잘못 했는지 뭘 그리도
못해 줬는지에 오금이 저린다

있는 상상 없는 생각 다하고
시간 흘러 멍 때린 그때 한 통의 전화
몸 찌뿌둥해 목탕 왔다고

알리고나 가든지
에라

# 원광소원

둥근 빛을 발하는 게 원광인가

공부 많이 하고 좋은 일 많이 해서
깨우침 얻어 세상에 나아갈 때
온몸을 감싸는 둥근 빛
원광일 것 같다는 생각

가는 데마다 움직이는 데마다
원으로 감싸는 빛 거기에는
베풂 지혜 건강 진리 등
우주세계의 깊은 뜻 담겨져
있으리니 내 하시라도 갈고 닦아

그 빛 쌓인 몸 되었으면

# 가을 타는 듯

먼 산 붉게 물든 단풍을 보노라니 가을이다
낙엽 떨어지고 바람 불어오니 옷섶이 허한 기분
왠지 허전하고 쓸쓸해지네

제법 산수화를 그리고도 남을
호숫가 벤치에 앉아 마음 곱디고운
여인과 마주 앉아 차 한잔 나누고 싶다

서로 주고받음은 없어도 그저 말 없는
마음의 미소로 위하고 배려하고 그리워하며
따스한 그 마음에 빠지고 싶다

추운 겨울 오기 전 이 가을에
따스한 마음 가진 복스러운
여인과 차 한잔 나누며
이야기 하고도 싶어라

## 마음의 동요

짐 보따리 하나 챙겨 떠나 볼까나
동해로 갈까 서해로 갈까
자중하지 못하고 마음 들썩이는
이유는 뭘까

사람들이 하는 말
일할 때가 좋은 거라 하던가
움직이다가 쉬게 된다고
이렇게 마음이 흔들린다면
더 큰 일들은 어떻게 넘기나

마음 여린 탓인가
조용히 한 열흘 마음 끌리는
그곳 정해 쉬었다 올까나

# 회상

새소리 물소리 바람소리 들으며
그렇게 흘러온 세월

비 오는 밤 검은 먹구름 낀 날
태풍 불어 온 가슴 찢긴 시간들

지나니 다 추억이라 하네
너덜 꿰맨 그 마음에 남아 있는 건
쓰디 쓴 상처뿐인데 그래도 애써
웃음으로 아픈 가슴
내려놓으려만 하네

# 그리운 친구들

우수수 낙엽 지는 걸 보니
가을 가는 걸 알겠네

찬바람 몰아오고
옆구리 허전함 느낄 때

세월 갈수록 벗들이 보고 싶다
마음 움츠러드는 계절

내게 모난 친구
제일 먼저 생각나고

두 번째 동창 여자애
지가 내 누나라도 되는 양

도란도란 충고해 주고
챙겨 준 이쁘장한 아이

잘 살고 있겠지
이 밤 유난히 보고들 싶다

## 빗속에 생각난 친구

이렇게 비가 내리는 날에
다정한 친구와 파전 한 넙데기 부쳐
막걸리 한잔하며 지나간 세월들
이야기 하고도 싶다

쓰러져가는 헛간 곳이면 어떻고
추억 묻은 야산 바위 틈새면 어떻나
지난 세월 더듬어 푸념하고 나면
뻥 뚫릴 것 같은 응어리진 생각들

방구석 처박혀 내 맘도 모르고 맘 편히
디비 자는지 소식 없는 무심한 친구를
불러봐 말어

제2부

# 봄비 내리는 실개천

# 내심

진실되게 살았다 자부하지만
이웃들 그 사람 좋은 사람
칭송하지만
무슨 연유인지 잘못 살아온 듯
이루지 못한 고개 숙인
내면의 마음

# 나의 삶

삶은 고난의 연속
누구를 위한 삶인가
나를 위한 삶이다

그럼 잠자코 살려무나
써도 달아도 말하지 말라

나의 삶이 그뿐인 것을

# 바른 길

일백 번 잘하다 한 번 잘못하면
비뚤어질 마음들 언제까지
졸이며 지내야 하나
어려운 세상살이지만 심사숙고
그래도 그 길이 바른 길(正道)인걸

# 마음의 병

내 마음 의심병은 지난 시절

내가 남의 마음 훔친

경험에서 오는 그릇된 마음

# 가을 단상

찬바람 낙엽 흩날리고
머리 털 하얘지니 어째
옆구리 시렵네

여태 안 하던 짓 경험하니
나이 든 걸 실감하네

한적한 호수 한 켠 벤치 앉아
떨어지는 붉은 단풍 바라보며

맘 맞는 벗들과 막걸리
한 사발 들이키며

주마등처럼 스쳐간 지난 세월
이야기도 하고 싶으이

## 詩를 찾아서

물 흐르는 강변으로
詩 찾아갔다

지필 들고 나서기는 했으나
어떤 게 詩인지

흐르는 시냇물 속에 詩
사는지

냇가 돌 틈 사이에 詩
숨어 있는지

詩 찾아 품에 안으려다
빈손 들고 돌아왔다

# 詩의 목마름

詩라는 글자 정성 다해
일백 번 써 봐도

님들의 빛난 오묘한 글은
그렇게 써지지도 않고

잡다한 세상 수레바퀴 소리만
요란하게 귓전을 맴돌 뿐

한 발자국도 나설 수 없는 고뇌에
설운 눈물 방울 되어 이 밤도 흐른다

# 세상이 왜 이래


공장 일감도 자금 회전도
녹슨 수돗물처럼 쫄쫄거린다
어쩌다 걸려 오는 전화는
거래처 수금 독촉하는 소금바가지다

참말로 세상이 왜 이래
거꾸로 가는 것도 하루 이틀이지
달뜬 머리나 식혀 볼 겸
어디든지 훌쩍 떠나 버릴까

어느 시골 버스 대합실 시간표 앞에서
머뭇거리기도 하다가
장터 약장수 굿판 앞에 턱 괴고 앉아
헤헤 실실 고개 끄덕거리기도 하다가

해 저문 주막집 막걸리 한 사발에
숯덩이 같은 심사 동동동 띄워나 볼까

# 어떤 삶

세상사 고달플 땐 어떻게 하지요
집도 절도 없이 떠도는 인생
마음엔 헤아릴 수 없는 괴로움만 가득
살얼음 같은 삶을 딛고 서 있는
나그네가 갈 곳 어디인가요

한세상 잘 살아 보려다
이리 허망하게 살아버린
세월의 회한이 앞을 가리네요
이럴 땐 어떻게 하지요

## 詩 찾으러

詩 찾으러 고뇌의 밭에 왔다
환하고 멋진 글 찾아

넘어지고 긁히고
이리저리 헤매어도

보이지조차 않는데
내 마음속 詩님 하는 말

그리 쉽게 찾아지나
두고 보시게 하네

오늘도 헛걸음에
하루해가 기운다

## 촌놈일언

내가 말이시

촌놈이 돼가꼬 한마디 하것는디

살면서 진실을 속이지 말라

이 말이여

# 공

한 수 배우러 높은 산 올랐더니
산이 내게 하는 말
서당으로 가 보라 한다

배워야 하는데 급한 마음 때문에
잘 안 됨을 인식하고
자중하기에 공들인다

마음 내려놓음으로 무언가
그 후 보이기 시작한 무엇

# 습작기

시작 노트 뒤적거린다
풀기 하나 없는
지문 닳고 굳은 손으로는 잘 안 넘어간다

궁리 끝에 다이소 가서
물먹은 스펀지 두 개 사 왔다

일하던 박 씨
사장님은 무슨 돈을 그리 많이 세길래
스펀지해면기를 두 개씩이나 사 오냐며
깐죽거린다

꼭 누가 보면 복권이라도 맞아
밤새는 줄 모르고
돈다발 세는 줄 알겠다

지렁이 밭고랑 기듯
끄적거려 놓은
어설픈 시 때문인 줄 모르고

## 봄비 내리는 실개천

이른 아침 봄비 강변 적시고
버들가지 새싹 끝에 맺힌
동그란 투명 물방울

우산 쓰고 새봄 미리 맛보는
산책길 냇가에 귀여운 노랑
아기오리 내 마음 다 여리게 하는 듯

# 제3부
# 사랑초 고마워

# 시인 선생님

인자하시면서도 우수에 젖은 듯
글 쓰는 선생님 멋있어요

조용함 묻어나는 미소
문단 풀어 정리된 속 이야기

길 떠나신 후에도 내 곁에
머무는 듯 마음에 끌리는
닮고 싶은 모습

## 텃밭 고초

배추 무 밭에서 마누라 잔소리
땅 파고 풀 뽑고 물 떠 오소
흠뻑 물 받아먹은 무 배추는
좋기도 하겠다 느 주인 잘 만나서

밭가 힘들게 져다놓은 물통 물
어느새 다 비워지고 또 길어 오란다
멀리 있는 우물가 내 힘든 줄 모르고
무 배추 니들은 좋겠다

## 쫓겨나기 싫은 일꾼


배추밭에 물 줘야 하는데
말 떨어지기 무섭게 물지게 지고
물 길어 나른다

옛적 엄마 심부름 시킬 때는
지독스레 말도 안 듣더니

지 마누라 말 한마디에
아주 착하디착한 일꾼
다 되었구나

옛 시절 엄마 말도 안 들은
바보 아들 오늘 철이 든
꼼짝도 못한 마눌 일꾼

## 산장에서

아침이 참 좋다
호숫가 물안개 피어오르고
만물이 소생하며 기지개 켜는 듯
희망을 주네

물소리 새소리 나의 영혼 깨우고
마음 씻고 그 욕심 덜어내면
발걸음 가벼운 삶
기약할 수도

# 사랑초 고마워

2월 초 우리 집 앞 베란다 사랑초
밤에는 잎 접고 잠을 자는 듯
낮에는 활짝 핀 잎들의 특성
여리고 예쁜 꽃은 피어 있지만
오늘 한낮 잎이 펼쳐지지를 않았네

지난겨울 추울 때 창문단속 잘 못해
일부 얼어버린 줄기 잎들
대낮 잎이 안 펴져 안쓰러운 마음
안고 있다가 무언가 내 잘못
때문인가 가슴 철렁

줄 수 있는 건 영양제 물 마음뿐
물을 흠뻑 주고 난 다음날 아침
제일 먼저 달려간 그곳 사랑초
이파리 활짝 펼쳐 미소 짓고 있었네
너무나 고맙고 미안한 마음

## 아버지의 가르침

서산 해 질 무렵 천둥번개 번쩍이며
회오리바람 불고 소나기 쏟아지니 금세
깜깜한 밤 되어 갈피잡기 힘들 때
들녘 고삐 메어 논 우직한 소 놀라
말뚝째 뽑혀 이리 저리 제 맘대로

도망 다니기 바쁘고
받쳐놓은 꼴짐 지게 넘어져 뒹굴 때
아스라이 멀리서 빨리 오라는
걱정스런 아버지 부르심
갈피 못 잡고 헤매인다

# 어릴 적 친구

건강 건강 노래하다
세월만 가겠네
몸 안 좋은 곳 늘어나고
움직임 아둔해지며
생각조차 가물거릴 때

멀리 있는 어릴 적 친구 안부
아픈 곳 경험담 속에
용한 의사 약사님
숨어 계시네

힘나게 해준 친구
고마워 건강 하시게

## 신혼 까치부부

양산천 강변 따라 줄지어
세워둔 듯 서 있는
이른 봄 잎사귀 없는
큰 버드나무 위에
총명스런 한 쌍의 까치

한 마리 입에 문 나뭇가지
어디에 터 잡아 집 지어볼까
이리저리 왔다갔다 궁리 중
한 마리 옆에서 장소 거드는 듯
애교꼬리 흔들며 예쁜 지저귐

새 봄 까치 부부의 터 잡는 예쁜 모습
버드나무 잎 사이 가려져 잘 완성된
예쁜 집 그리고 꾸구거릴 귀여운 아기 까치
눈에 보이는 듯

# 후회

아픈 곳 있어 학교 못 가고 힘없는 아들에게
어머님 작은 텃밭 파볼래 권유 하신다

도와드리려고 삽질 몇 번 뜨고 나니
힘들어 못 하겠네

한 삽 떠 안 판 흙 위에 덮어놓고 또 한 삽 많이 파는 듯한
눈속임 요령으로 일관하니 어머님 온화한 미소 쉬라 하신다

세월 지난 여태까지 아들 힘 기르려는 어머님께 도리 못한
불효자 마음 송곳으로 찌른 듯

# 강변

살푼 안개 낀 평화로운 강변
키 큰 버드나무 봄물 오른 듯

아침나절 찔끔 비 그치고
골방 지루함 오금 다 저려

한가한 오후쯤 친구랑
강가를 함 걸어 봤으면

# 새봄

강가 수양버들 움트고
매화 꽃 피어 봄 알리는 때
강 건너 오리들 깃털
다듬느라 분주하다

겨우내 언제 오려나
애타게 기다린 봄
아직 움츠러드는 추위

이제는 마음 단장하고
새봄맞이 준비할까
하는 사이 봄은 내 곁에
이미 와 있는 듯

## 봄비 내리는 밤


봄비 내리는 밤 명쾌한 개구리 개굴 개굴 삐 리 리
저녁밥 든든 채운 배 지레 소리 감추려 시댁 식구 피해
뒷방 문턱 몰래 넘어 시원함 맛보려다 미리 터진
여리고 귀여운 새 며느리 조심스런 방귀소리
당황 미안 멋쩍음 쥐구멍 찾는데 여기저기

터지는 킥킥 웃음소리에 근엄한 시아버지
쑥스러움 달래시려 식구들 둘러보며 입술 위 검지손가락 쉬
시어머니 달려가셔 껴안으며 아가 괜찮다 누가 우리 애기를
못 참아 봄 꽃망울 터지듯 조심스레 터져버린 감출 수 없는
함박웃음꽃 피는 행복한 우리 집

# 수심에 잠긴 섬 아낙

서산 해 넘어 그늘진 섬
스산한 날씨 옷깃 여미는 때
이른 새벽 노 저어
고기잡이 떠난 남편

이골 난 기다림 몇 번이던가
검푸른 바다 쳐다보아도
돌아오지 않고

굴뚝에선 저녁 준비
연기만 모락모락

여느 때같이
무슨 일 없겠지만
무사하길 비는 마음

웃으며 떠난 남편
바다만 쳐다보며
수심 깊이 기다리는
섬 아낙 초롱 눈망울

## 여행 중


오늘도 난
묻지 마 여행을 떠난다

쉬웠든 안 쉬웠든
후딱 간 일주일

철석거릴 파도 바다 내음
갈매기 보고 싶고

자갈치 해변 광장에 음악하는
악사님 구경나온 관객분들

모두 들뜬 마음 같이 노래 들으며
어울려 구경하노라면

마음속 백년 묵은 체증
싹 내려가는 듯

나는 오늘도 여행 중

## 고마운 버스

수고 많으십니다
버스요금 카드 찍고 자리 잡아
시작되는 폰 꺼내 보기

지루함 달래려 이어폰 음악 듣기
선잠으로 시간 때우기
옆 사람 피해 안 주려
조금 신경 쓸 뿐

촌놈 도시운전 서툴러
타본 버스
직접 운전한 내 차보다
더 편한 차인 듯
기사님 고맙습니다

# 심사숙고

좋은 소재가 생각날 땐
머릿속 한참을
이리저리 그리다
시장타당성 조사 후
성급한 판단은 피하고

될 법하면 심사숙고해
일부터 백까지를 나열하고
거기서 추리고 골라

작품 완성 위해
심혈 기울여 자로 재듯
칼로 자르듯 다듬고 간추려

인내하여 어르고 달래서
성공의 길로 모두
가셨으면 합니다

제4부

# 내 마음 봄은 또 그렇게

# 생의 구애

모처럼 찾은 고향 동네 썰물 바닷가
굴 고동 따개비들
어디서 왔을까 오랫동안
접해보지 못한 세계에 반가움 반
신기함 반 두 눈 휘둥그래진다

먹거리인 줄 알지만
차마 욕심 부릴 수 없는 건
육신의 독한 아픔 겪고 난
깨달음인지

음식으로는 잘도 먹으면서
살아있는 것들에 손조차도 댈 수 없는
되려 잘 살아야 해 쓰다듬 듯한
그 무엇은 저 넘어 환히 피어날
미지 생에 대한 구애인가

# 수도꼭지

우리 집에 수도꼭지
틀어도 물이
절반도 안 나온다

어머님 고귀한
가르침에 잘
길들여진 절약 절수

어쩌다 무슨 일
가슴 답답할 때
몰래 화풀이 대상
도 넘은 폭포 수도

고장 안 난 우리 집
행복 수도꼭지
오늘도 쬐잘거린다

# 섬 봄밤

섬 동네 봄밤 고요만 하다
낮에 본 냇가
작은 물고기 어설픈 몸짓

철새 오리 둥둥 떠
고개로 꽥꽥 좌우 소통하고

철 이른 들판 물웅덩이
개구리 울음소리 들리는 듯

어둠사리 더해 가는 밤 이럴 때
불알친구 불러내 옛 향수
같이 젖어 보았으면

# 어떤 제안

삼시 세끼. 새참 시간
없어서 안 되는 밥상
노동으로 세월 보낸
휘어진 허리 무릎 통증

먹고 살기 위해 주방에서
거실 안방까지 평생
날라야 하는 음식들
안 먹고 살 방도는 없고

밥상 네 다리 밑에 잘 구르는
바퀴 달아드려
끼니때만이라도
편한 삶들 되셨으면

# 봄 기다림

비라 하지만 바람 드세다
봄 몰고 온 비바람인가 싶다
이 시련 지나면 꽃 피고 새 지저귀며
봄꽃 만개하여 화사하다 못해
웃음 자아내게 하는 계절

무슨 연유인지 언짢은 일 있어도
웃음으로 넘기는 절기
해마다 이맘때 쯤 일어나는 탄생의 비밀인가

내 마음 내가 좋으니 다 좋다

# 원

온 세상 굽이굽이 둘러
거치고 지내온 삶에서
내 믿음 붙듦 다 내려놓고
원으로 만들려 애쓰다

이 종교 저 신도들 다 따져
헤매 보니 마음만 어지럽고
세상이 돈다
이제 생각 고쳐먹고
고운 맘 들 때

내 마음속 세상 모든 종교
화해하는 마음으로
미워하지 않으리 그 후 자유
마음으로 훨 날아 보려고

# 봄

봄 강변 수양버들 나뭇가지 끝
두어 잎 달린 비틀어진 단풍
이파리 살랑이는 훈풍
뒤이어 나올 아기 새싹들

기대에 보고 또 보고
마음속 그려지는 그리움에
아 내 마음 봄은 또 그렇게
오고야 말았네

# 고마워

길을 걷다 이름 모를 꽃들과
풀이 한데 어우러진 그 길
미안해 밟고 지나가서

한참을 생각하게 만드는
인연은 무엇일까 고마워
그 꽃길 걷게 해 줘서

## 청명혈(淸明血)

건강함의 비결 중 하나는
맑고 깨끗한 피에 있는데

살다 보면 내 몸 관리 잘못해
탁한 피를 안고 사니 각종 질병

침범해 삶을 저해하거나
죽음에 이르게 만드니
지극 정성 배워서라도

좋은 혈들 간직하고 살아
맑은 세상 천수 다 누리시길요

## 버스 승강장

운동 삼아 길 걷다 다리 아파
잠시 앉아 쉬어 가는 쉼터
연인의 헤어짐 아쉬워
뜨거운 눈물 흘렸을 법한 그곳

무슨 사연 있기에 시간표 올려다
보며 발 동동 애태우고 기다리는 버스
방치병 못 이겨 병원 가기 위해
버스 타는 서민의 구겨진 몰골

촌 어머니 힘들게 농사지어 자식네
식구들 먹여 살리시겠다고 식량
안아 올린 땀 흘린 흔적들
걱정 많은 이들 수없이 오고 갔을 그곳

여기 지난날 거쳐 가신
다음에 다녀가실 사연 많은 님들
좋은 일들만 있으시라고
고개 숙여 간청하나이다

## 잡초 · 1

이름조차도 모르는 쓸모없는 풀들
먹고 살기 위해 심어 키운 채소들은
물 주고 흙 덮어주고 애지중지 키우건만

옆에 덤으로 자란 잡초
천대와 멸시 주검으로 끝나니
토지에 스스로 자라도 기약
정해지지 않는 가여운 이름 없는 풀

## 잡초 · 2

무참히도 뿌리째 뽑히고
잘리니 서럽게 울음 운다
한참을 그러다 마음정리 후
제 갈 길 정해져 있다고 서둘러 길 떠날 듯

돌고 도는 윤회의 세계에서 아무도 모를 뿐
서럽고 어두운 곳 머물다 밝은 천상으로
이주하는 듯 모르긴 해도 그 잡초
이승 머무르는 동안 공덕 많이 쌓았을 듯

(부디 좋은 세상에 머무르소서)

## 잡초 · 3

살아가기 위해 풀을 뽑다 보니
가엽고 여린 생각 우리의 만남은
무슨 악연일까 그냥 모른 채
뽑아내면 될 일 굳이

이름 없는 잡초를 그리도 애달파 하고
가슴앓이 할 필요 있을까
아프다 뽑히는 죽음 거기에 빗대어
하나하나 뽑아내는 만큼 가슴 저린다

# 잡초 · 4

세상 이치가 줄 때도 있고
받을 때도 있는 거라지만
신출내기 농부인 내 손에 뽑히는
잡풀 한 포기에 이리도

오금이 저린다면 인생
어이 사는가 살아 나가는가
마음에 항시 품고 사는 청정심
근본에 다달은 크디큰 자책인가

# 섬 산 위에서

운동 삼아 나온 섬 산에서
건너다 본 바다는 장관이네

뚜렷이 보이는 가까운 섬
시뿌연 안개 쌓인 먼 섬

괜스레 가 보고 싶은 마음
불현듯 생기는데 이것이

미지 세계 그리움이라는 걸까
참말로 훨훨 날아보고 싶으이다

# 여린 음나무 순


봄 돌아오니 온 세상 잎 푸르고
꽃 피고 새 우는 계절 양지 한 켠
방긋 웃으며 고개 내민 음나무
가시는 있으나 수줍은 듯 귀여운 자태

약나무라 하지만 봄의 세계 돌아보다
눈에 띈 다섯 잎사귀 음나무
나물이기는 하지만 직접 딸 수 없는
친숙함 작은 마음 감싸안은 여린 잎

## 詩 찾아

詩 찾아 삼백 리
詩 찾아 구만 리

쫓고 헤매도
울부짖고 쥐어뜯어도

詩 이름 가진 님

내 잡아 봐라
도망 다니기 바쁘네

● 수필

# 어리숙한 정

　가게에서 도둑고양이 밥을 준 지가 2년은 훨씬 넘은 것도 같다. 사료를 사다 아침저녁으로 주다 보니 안 주면 안 되는 습관이 몸에 배었다. 거의 사료가 떨어질 때 되면 사와야 할 텐데, 구입해 와야 할 텐데. 걱정이 많다. 사료를 줘도 집에서 먹고 남은 닭뼈 등을 갖다 줘도 좋다 하나. 싫다고를 하나. 봐도 보는 체를 하나, 아는 체를 하나. 손 내밀어 오라고 해도 와주기를 하나. 도둑고양이 순 순 도둑고양이.

　그들은 습성이 그리 타고났는지 애초 태생이 그리 밉살스레 고약한지. 친해지려 애를 써도 막무가내다.

　처음에는 일부러 지들 하는 행실도 좀 보고 사정하며 달라붙나 보고 먹이를 안 줘 봐도 본 체 만 체 아는 체도 않는다.

어린 시절 집에서 키웠던 고양이들은 그렇지 않았고, 안방에서 비비고 안아보고 말은 주고받지 않았지만 의사소통은 어느 정도 됐었는데…….

그래도 먹이 준 지 두 해가 넘은 어느 날인가. 사료 밥그릇 비어 있을 때 주기 전, 친해볼 양으로 큰 봉지 사료 사면 덤으로 주는 작은 봉지 사료를 두 개씩을 가져와 주곤 했었는데. 주다 보니 작은 봉지의 사료가 훨씬 맛있는 거라는 걸 알았다.

지들 배고파 뭐라도 안 주나 하고 멀리서 바라볼 때 큰 봉지 사료를 던져주면 미동도 없다가 작은 봉지의 사료를 던지면 눈이 반짝인다. 점점 주워 먹으면서 다가오는 모습을 보면 작은 봉지 사료가 훨씬 더 맛있는지 확실히 반응이 좋았다. 그래서 친해져 볼 양으로 먹이 먹으러 오면 작은 봉지 먹이를 던져 멀리서부터 차츰 가까이 다가오며 먹도록 유도하여 밤색 줄무늬 고양이 한 마리의 머리를 만져볼 수 있었다. 처음에는 앙칼진 행동으로 할퀴면 어쩌나 겁도 났었지만 베푸는 약자인 나의 작은 손맛에는 그 고마움에는 성질부리고 방어할 성격들을 다 배제한 그 무엇이 숨어 있는 듯도 하였다.

와우 이게 고양이 키우는 맛인가 허허.

그 넘의 고양이 귀여워하기도, 가까이 하기에도 넘 힘들다.

어쩌다 일곱 마리나 숫자가 늘었지만 그 놈 한 마리만 지 배 많이 고플 때 어르고 달래서 머릴 만져볼 수 있었고 나머지는 내가 생각하기에도 고마움도 모르는 식충이들뿐이다. 어르고 달래고 아무리 꼬셔도, 그 애 한 마리만 절친했지. 다가서지 않고 오지도 않는 밥만 축내는 냥이들이 밉게만 느껴지기도 했으며 뭐 이런 동물들이 다 있나 싶어지기도 했다. 한마디로 서운했다는 말이다. 그런데도 불구하고 다가서는 그 냥이는 나에게 얼마나 귀엽고 사랑스러우며 정이 더 가는 동물인가 뭐라도 더 주고 싶고 더 챙기고 싶었다.

맘 같아서는 여린 마음으로 부드러움으로 세상 악한 기운 다 배제한 구애의 마음으로 다가서 가슴에 안아 쓰다듬어 보고도 싶은데 돌변한 고양이, 무서운 발톱 피나는 얼굴 등 상처 연상에 지레 겁먹고 무서운지 못 미더운지 내가 먼저 경계했다. 에이, 거기까지는 아니라고. 자기들이 먼저 경계하고 다가서지 않는 통에 의심을 할 만도 하지, 원.

처음에는 두 마리에서 세 마리가 왔다 갔다 하길래 먹이통에 사료를 조금씩 아침저녁 주었는데 새끼 낳고 하다 보니 일곱 마리로 숫자가 늘었다. 가끔 보면 예전 왔다 갔다 한 숫고양이는 같이는 안 살아도 와서 지 집인 양 가족인 양 태연스레 먹이 먹고 가는 걸 목격하게 되었다. 대충 따져 봐도 그 숫고양이는 즈 식구들에 속한다. 지들 세계에서 만들어진 가족의 구성원 아버지 또는 남편이다. 인연도 없는 다른 고양이가 올 법이나 한 세계인가?

먹이도 곱으로 주어야 하고 추운 겨울에는 스티로폼 집도 만들고 병아리 부화장에서 본 열등을 달아 안 춥게도 해 주었으나 이용하는 거 같지가 않아 철거하고 비닐하우스 창고를 빌려주어 거기에서 지내도록 배려했다. 아니 배려가 아니고 눈치 보며 쟤네들이 쳐들어 와서 산다. 그놈들 그럼 조용히나 살 일이지 창고에 넣어둔 보온제며 비닐 등을 뜯어 못 쓰게 만드는 게 일쑤다. 쓰려고 담아둔 고운 모래 통은 지들 화장실이 되어버렸다.

밉지만 엄동설한에 어디 갈 데도 없을 법한 이들의 일행을 쫓아낼 수도 없고 보고만 있을 수밖에. 고얀 것들.

추운 겨울이 다 가고 새봄 움트는 어느 날 이웃집 아저씨가 오셔서 고양이 밥 주느냐고 물어보셨다. 사료 사다 주는 이야기를 하니 고양이 때문에 피해가 많다 하신다. 마당 텃밭에 비닐을 덮어 놓았는데 고양이가 볼일 보려는지 뭘 파먹는지 비닐을 마구 파헤쳐 놓는단다. 또 고양이 이놈들이 암내를 내는지 밤새 마당에 와 큰 소리로 울어대는 바람에 처음 한두 번은 쫓아냈으나 하루 이틀도 아니고 잠을 통 못 주무신단다.

문제는 먹이를 주지 않으면 어디로든 지들 적합한 곳에 가서 살 거고 고양이 피해는 당하지 않을 거란 설명이다. 차마 거기까지는 생각을 못했는데 이웃에 피해를 준다면 아쉽지만 다른 곳으로 가도록 조치하는 수밖에…….

남은 사료만 주고 떨어지면 안 주겠다고 약속하고 돌려보냈다. 이웃에 피해가 있는 줄은 꿈에도 생각 못한 일들이라 많이 미안했다. 내만 좋은 일 한답시고 돈 들여 사료 사다 아침저녁으로 먹이 준 일들이 과연 옳은 일에 해당하는가?

  사료를 마지막 주는 날. 이것만 먹고 먹이를 안 줄 테니 좀 더 좋은 곳 찾아가서 배불리 먹고 잘 살려무나 하고 나니 가슴이 먹먹하고 그 결단이 큰 죄를 짓는 듯했다. 마음속에 잘 결정한 일인가, 죄 짓는 일인가. 정 들이지 않았어야 했는데. 마음이 무척 힘들다.

  하루 이틀 지나 거둬 먹여 주던 이가 먹이를 안 주니 힐끔 쳐다보고 도망가고 하더니 3일 지나니 아예 문 앞에 예닐곱 마리가 진을 치고 데모를 하는 듯 먹이 달라고 쳐다보고 앉았는데 가엽고 불쌍하기까지 하였다 평소에 잘 따르지 좀……. 

  먹이 주어 베풀 때는 큰소리 쳤는데 이제는 마음 착잡함에 죄 짓는 듯한 마음.

  이 애들을 어쩌면 좋을까.

  내 생각에 짧은 생각에 먹이 안 주면 이러다 자기들 살 곳으로 가겠지 싶어서 가슴은 아프지만 꾹 참기로 마음먹었다.

  그러던 중 그리 멀지 않은 공장 볼일 때문에 갔다가 주위를 둘러보니 고양이 집과 먹이통이 보여 책임자분께 고양이 더 필요하냐고 일곱 마리 있는데 하고 물으니 쥐들로 인한 피해가 많아 네 마리 키우고 있는데 두 마리만 더 있음 하신다.

다 굶겨 죽이는 거 보다 두 마리라도 받아주신다니 고맙고 감사해서 말 떨어지기 무섭게 가게에 돌아와 고양이 집 하나 사고 먹이로 유인해 약속한 두 마리를 포획해 사료 한 포와 가져다 드리니 한두 달은 우리에 갇혀 지내며 집에서 주는 사료만 먹고 자기들 집으로 길들여질 때까지 적응기간 동안 살아야 한다고 하신다.

그게 어디야, 두 마리는 걱정 안 해도 되겠다 싶어 잘 살아야 해 하고 돌아왔다.

다음 날, 냥이 땜에 가슴 아픈 생각들을 하며 강변 조깅하다 보니 먼 강변 대나무 숲속 사이 고양이 집과 사료 그릇이 보였다. 이 외진 곳에 누군가 사료를 먹여 거둬준다는 말인데 그 분을 만나 사료 두어 포대 사다드리고 우리 고양이 부탁드리려고 마음먹었다. 그동안 정 들은 거 보고 싶으면 강변 이곳에 와서 보면 되지 뭐.

일주일이 지나도 고양이들은 주위를 맴돌며 화나는 눈인 듯 힘없는 몸짓으로 바라보는데 야위고 마른 느낌이 들었으며 죄를 짓고 있다는 마음이 들었다. 참으로 어렵다 처음부터 봐도 모른 체했으면 이런 일은 일어나지 않았을걸. 지들 삶과 생활이 다른데 왜 정을 들여 이런 시련을 겪냐고?

생각을 바꾸자!
2~3일 지났나? 어느 날 보니 고양이가 안 보인

다. 두 마리만 보이다 어디로 갔는지 모두 안 보인다. 업무 처리 땜에 바쁘게 왔다 갔다 하다 보니 신경쓰지 못했지만 마음 한 켠에는 항상 그래도 담아 놓고 살았다.

  다른 좋은 곳에 옮겨가 사는 줄만 알았다 먹이를 안 준 미안한 마음과 주려니 이웃아저씨 집 피해 등이 눈에 밟혀 난감을 맛보는 중. 우연찮게 넘어다 본 담장 뒤에 고양이 덫이 보였다.

  아저씨를 만나 마음에 있는 말 꼬치꼬치 털어놓지는 못하고 고양이 포획해 어떻게 했어요? 물으니 시에서 운영하는 동물보호소에 입양했다고 하신다. 아~

  거기서 따스하고 좋은 주인 만나 잘 살려무나.

  도둑고양이는 집고양이가 될 수 없다는 걸 늦게 깨달은. 쬐깐 맘 좋은 듯한 생각들.

  감싸 안기도 어렵고 냥이들 내 마음에서 떠나보내기도 짠하네. 정이나 주지 말걸.

  나는 왜 이리 어리숙함이 많을꼬야?

● 수필

# 푼수와 오지랖 사이

  나의 업무 중 누수탐지라는 업종이 있다. 땅속이나 건물 등, 보이지 않는 곳에서 물이 새는 걸 기계나 청력 등을 이용하여 찾아서 수리해 드리는 일이다.

  오전 사무실에서 모 회사 일 때문에 견적서를 보내 달라고 해서 메일로 보내고 전화하고 잡다한 일들을 하고 있는데 그리 멀지 않은 어느 마을 모르는 할머니한테서 집에 누수가 된다고 전화가 걸려왔다. 마을에서 관리하는 수도를 쓰시다가 수압 좋은 시 상수도로 바꾼 지 얼마 되지 않아 물을 쓰지도 않는데 수도세가 많이 나오고 계량기가 도는 걸 알고 2개월 동안 쓸 때만 열어 쓰고 잠가놓고 쓰다 보니 귀찮아서 수리한다고 하신다.

  마을 물세는 마을에서 관리하기 때문에 요금이 적게 나온다고 알고 있고 시에서 관리하는 수도세는 마을 수도세에 비하면 물세가 비싼 편으로 알고 있다.

  오후 네 시경 약속을 하고 다른 일 보고 약속시간 될 때쯤 방문해 누수탐지에 들어갔다. 오래된 듯한 본채 건물과 작은 채 방 세 개 창고 그리고 마당 등 장비를 이용해 물이 새는 곳을 찾다보니 마당 한 켠 우물가 콘크리트 하부 땅속에서 물이 새는 소리를 감지할 수 있었다.

  탐지가 거의 끝나갈 무렵 둘러보니 서산 해 넘어가고 어둠사리 내린 마을 골목길.
  그래도 띄엄띄엄 가로등이 있어 마실 다니는 데는 애로가 없을 듯했다. 아까부터 뒤켠에서 순해 보이는 큰 고양이가 보였는데 그 고양이는 여기 올 때부터 이리저리 왔다 갔다 해서 내가 손짓도 해 불러 본 검은색 털에 몸하고 발등에는 하얀 털점들이 박힌 예쁘고 묵직해 보이는 고양이였다.
  그런데 아까는 없었는데 그 고양이 곁에 작은 쥐, 아주 작은 새끼 쥐가 있는데 고양이가 그 작은 쥐를 한 번 쳐다보고 내를 한 번 쳐다보고 무슨 의사표현 같으면서도 서로를 감시하는 듯하였다.
  문득 고양이가 새끼 쥐를 잡아와 저녁 먹잇감으로 하려나 보다 생각하니 그 여린 작은 쥐가 너무 불쌍하게 생각이 들어 살생은 안 돼, 하며 다가가 훔치다시피 낚아채어 내 손으로 잽싸게 옮겨왔다. 그리고 고양이 안 보는가 확인 후 가슴에 안다시피 해서 뒤켠 좁은 칸막이 공간에 밀어 넣어 놓아주고 고양이 앞을 지나는데 눈을 크게 뜬 고양이 날 빤히 쳐다보며 원망하는 듯, 항의라도 하는 듯 야옹하는 걸 아까 할머니가 내 마시라고 주신 사각 두유팩을 뜯어 딸기 담는 빨간 플라스틱 그릇에 부어서 고양이보고 먹으라 하니 아는 체도 않고 화내는 양 원망하는 양 물끄러미 쳐다보다 대문 밖으로 나갔다.
 이해해 줘, 미안해.

 누수지점을 약식표시하고 낼 아침에 와서 땅 파고 수리해 드린다고 말씀드리고 집에 왔다. 오는 내내도 집에 돌아와서도 그 고양이와 어린 쥐 생각 때문에 마음이 편치 않는데 문득 생각나는 게 어스름 어둠 속에서 일어난 일들이라 혹 그 작은 쥐가, 쥐가 아니라 어미고양이 새끼는 아닐까? 생각이 미치니 아차 싶어 손을 씻다 말고 다시 할머니 댁으로 차를 몰아 그 작은 쥐인지? 고양이 새끼인지? 를 찾았다. 약 십분 내의 밤길이지만 낮보다는 조금 먼 듯 느껴졌다.
 어미 검은고양이는 분명 약간 배가 볼록 불러 있었다. 생각에 혹시 여러 마리 중 첫 태어난 새끼 고양이를 내가 어미와 떼어 생이별을 시켰으면 또는 그 고양이 새끼가 죽으면 죄를 지어도 큰 죄를 짓겠구나 하고 촌각을 다퉈 확인 작업에 들어갔다. 12월의 초저녁은 겨울을 말하기라도 하는 듯 약간은 쌀쌀하였다.
 아까 놓아준 곳에 보니 없다. 착잡한 마음. 좋은

일 하려다 이게 뭔가 확실히 쥐여서 쥐의 편에 서면 좋은 일이겠지만 고양이 편에서 생각하면 먹이를 빼앗은 과오를 범했으니 이게 웬 푼수짓인가. 또, 쥐의 새끼인지 고양이새끼인지도 모르고 행동한 어리석음의 과보는 어떻게 면할 건가.

넣어둔 곳 이리저리 랜턴 불 비추며 찾다 보니 깊숙한 곳에 어린 게 떨고 있는 걸 발견했다.

확실한 쥐다. 꼬리가 긴 게 쥐가 틀림없다. 아까 고양이 먹으라고 부어둔 두유를 가져와 어린 쥐의 입에 두어 번 묻혀주고 더 깊숙한 곳에 비닐과 보온이 좀 될 만한 천으로 덮어주고 옆에 두유그릇 놔두고 잘 살아라. 나의 돌봄의 길은 여기까지인 것 같다. 하고 돌아왔다.

그래도 내내 그 고양이한테는 미안한 생각이 든다. 집에 와 저녁을 먹는데 구운 생선 반찬이 있어 옳지, 이걸로 고양이에게 내일 아침 일하러 가면서 사과 해야지.

생선뼈와 실한 살 붙은 생선구이 두 조각 식구 몰래 비닐봉투에 넣어두고 내일 아침 고양이에게 사과 할 일을 생각해 본다.

다음날 아침 할머니 집을 찾았다.

겨울 아침 춥기는 하나 그런 대로 일하는 입장에서는 견딜 만하였다. 시멘트 포장된 우물가 땅 파고 수리하는 데 일꾼 한 사람하고, 두 사람이 하다 보니 그리고 정확한 누수지점 포착 땜에 그리 오래 걸

리지는 않았다. 동네 안에 위치한 할머니 집 고양이는 보이지 않고 고양이 밥그릇만 덩그러니 놓여있었다. 이리저리 훑어봐도 보이지 않았다. 직접 먹는 모습 보면 좋으련만 생각하는 게 보는 데서 먹어주므로 어젯밤 일들의 미안함. 내 생각 받아주는 화해의 고양이를 보고 싶었기 때문이었다. 그 그릇에 가져간 생선뼈와 고기 등을 담아주고 나오다 할머니 손녀딸을 만났다 여태 사정 이야기를 건네는 도중 문제의 고양이는 세 번인가 네 번인가 임신해서 새끼를 낳을 때마다 열 마리 이상 너무 많이씩 낳아서 할머니 혼자 지내시는 데 불편하시다 하여 가족들 상의 후 버릴 수는 없고 같이 살기는 해야 하고 해서 3개월 전 삼십 만원 들여 임신 중절수술을 했는데 그때부터도 배는 약간 불러 있었다고 한다. 돌아오는 길에도 혹시 보이나 두리번거려졌다.

  저녁을 먹고 여느 때처럼 와이프와 강변 걷기를 하다 그동안 있었던 고양이 이야기를 꺼냈다. 한참을 들으며 옆에 잠자코 걷고 있던 사람이 갑자기 내보고 약간 큰소리로 오지랖이 넓다 한다. 뜻을 알고나 이야기 하나 싶어 오지랖 뜻이 무어냐고 물으니 왜 쓸데없는 일에 나서고 참견하느냐고 그 고양이 저녁 때꺼리는 어쩌라고 한다.
  아니 내 살아오면서 오지랖소리 그런 거 듣지 않고 살았던 거 같은데…….
  이래도 치고 저래도 다치고 내는 왜 그럴까 휴~

● 해설

# 강경원 시인의 진솔하고 담백한
# 성찰의 詩세계

김 천 우
(시인 · 문학평론가 · (사)세계문인협회 이사장)


　영혼이 향기로운 시를 쓴다는 것은 작가 자신의 삶의 길 또한 시적(詩的)화자의 진면목을 잘 관철하고 있다는 뜻이다. 그때야 비로소 시다운 시, 글다운 글, 울림을 전해주는 살아 숨 쉬는 작품을 완성시킬 수 있다. 종합문예지 월간 『문학세계』 등단 이후 솔직담백하고 꾸밈없는 자아성찰(自我省察)의 시세계를 펼쳐가는 강경원 시인의 뜨거운 열정에 응원과 갈채를 보내고 싶다.

　경남 양산에서 시처럼 소박하고 풍요로운 삶을 수놓으며 주어진 자신의 역량으로 시를 통해 산수화 같은 풍경을 조각하는 시인의 숭고한 연륜을 대변하는 것이 이 한 권의 시집이라 해도 과언이 아니다. 사람 내음 물씬 풍기는 시인의 첫 시집 상재는 새롭고 개성 있는 창작의 세계를 연마하는 또 하나의 결정체라 하겠다. 시를 빚어내는 언어는 일상을 살아가는 언어의 빛깔과는 전혀 다르다는 것이다. 즉 촌철살인(寸鐵殺人)의 미학이라 일컬을 만큼 한 편 한 편마다 꾸밈없는 작품들이 독자들의 마음을 감동시키고 있다. 이 점을 높이 평가하고 싶다.

 강경원 시인의 시집을 요약해 보면 총 62편의 작품으로 구성 1부에서 15편, 2부에서 15편, 3부에서 16편, 4부에서 16편으로 각기 다른 화자의 시풍으로 단락을 맺고 있다. 강경원 시인을 처음 접할 때의 강렬한 느낌을 기억한다. 전혀 때 묻지 않은 청산도 아리랑 고개를 부르며 버들피리 곡조로 다가오던 모습이 인상적이다. 시 같은 순정을 겸비한 양산골의 선비다운 풍모를 가진 시인이었다.

 진정한 시를 쓰는 최종 목적은 자신의 마음속에 웅크리고 있는 내면의 소리를 바깥으로 표현하기 위함이다. 이를 모티브(Motive) 삼아 창작 글을 통하여 화자의 일상을 담담하게 세상 밖으로 탄생시키는 역할을 하는 것이다. 지금까지 살아온 인생의 흔적들과 체온을 나누고 다시 꺼내보면서 가슴 깊이 묻어 두었던 생각들과 사념(思念)들을 작품세계로 이끈다. 이렇게 생성된 작품세계는 영혼을 구원하는 치유의 도구가 되지 않았을까.

 용기를 가지고 등단을 기점으로 첫 작품집을 발간하는 강경원 시인의 작가정신에 큰 박수와 응원을 동시에 보내고 싶은 마음이 앞선다. 62편을 몇 번이고 해부하여 보니, 새삼 시인의 풋풋하고 성실한 자화상을 접하게 되어 더없이 풍요로운 자세로 시편들과 동행을 하고자 한다.

### 1. 시(詩)와 시학(詩學)의 메타포(metaphor)

우리네 인생은 영원히, 여행지에서 만나는 이방인이자 나그네일지도 모른다. 가식이 없는 시의 흐름은 화자가 살아온 삶의 단면을 묵묵히 화선지에 그려놓은 듯 편안하고 넉넉하여서 리트머스 시험지처럼 스며들기에 좋은 작품들이라고 본다.

저물녘 일광해수욕장
해 뜬 자리 지는 노을이 눈부시다

끼룩끼룩 갈매기 사라진 모래밭에
혼자 걸어간 저 쓸쓸한 발자국
그대가 남기고 간 한 줄 연서 같아

파도에
가만히 밀려왔다 밀려가는 사람아

기다림이란
한 세월 모래톱에 쓸리는 조가비
저무는 바다에 살푼거리는 윤슬

—「사랑이라는 착시」 전문

착시 현상이라는 어원은 시각적인 착각이 순간적으로 일어나는 자연스러운 현상을 의미한다. 시인이 어필하고자 하는 「사랑이라는 착시」에서는 넓고 깊은 지평선 위에서 사랑의 애틋한 그리움을 불러들이는 착각의 순간을 화자의 심안(心眼)에 묻어 두고자 하는 뜻이 아닐까 하는 생각이 든다. '파도에 밀려갔다 밀려가는 사람아'라는 대목에서 차마 잡을 수도 없는 운명의 장난 앞에 시인의 가슴 한편에 고스란히 묻어둔 포말 같은 순정이 느껴진다. 그 일부분이 기다림의 세월 동안 시인의 마음을 흔들어 놓는 환상 같은 아련한 그 무엇을 투영시키고 있다.

> 詩 기운 받으러
> 산 들 강 바다로 훑고 다녔어도
>
> 詩의 작은 먼지도 하나 내 몸에
> 묻혀오지 못하고 하루죙일
>
> 죄 없는 펜과
> 메모지 만지작거리다
>
> 그리움만 한 아름 더
> 안고 돌아왔다
>
> ―「詩 기운 받으러」 전문

위의 작품에서는 시의 목마른 갈증을 채우려 하염없

이 시의 나그네가 되어 방황을 하였으나 결국에는 허기를 채우지 못하고 다시 시와 더불어 열정을 불태우는 모습이 보인다. 화자의 끊임없는 갈망은 시를 쓰지 않고 하루도 허기를 메우기 힘들 만큼 시와 사랑에 빠지게 되었는지도 모른다. 이번 시편에서도 다시 멀고도 먼 시의 길을 향하여 정처 없이 길을 나서고 있는 화자의 갈망이 시편 속에 다분히 배어 있다. 강경원 시인의 작품세계에는 순수하면서도 가슴 먹먹한 사연들이 언어 속에서 소롯이 화자의 정체를 감추고 있다.

시를 향한 애모(愛慕)는 엄청난 삶의 파장을 불러일으킬 것이라 믿어 의심치 않는다. 요즈음 문인들의 실상을 들여다보면 대충대충 살아가는 모습들이 허다하게 발견이 되는데, 강경원 시인이 추구하는 시에 대한 뜨거운 언어의 사랑은 식을 줄 모르고 활활 타오르는 태양처럼 자신은 물론 독자들의 가슴에도 불씨를 지펴주고 시인의 아름다운 심성이 우리를 감화한다.

詩 기운 받으러/ 산 들 강 바다로 훑고 다녔어도// 詩의 작은 먼지도 하나 내 몸에/ 묻혀 오지 못하고 하루죙일// 죄 없는 펜과 메모지 만지작거리다 / 그리움만 한 아름 더/ 안고 돌아왔다… 이 얼마나 지고지순한 시에 대한 사랑의 엘레지인가? 시인의 마음처럼 앞으로도 변함없이 시를 사랑하는 일편단심(一片丹心)의 절개가 지켜지기를 간곡히 빌고 싶다.

짐 보따리 하나 챙겨 떠나 볼까나
동해로 갈까 서해로 갈까
자중하지 못하고 마음 들썩이는
이유는 뭘까

사람들이 하는 말
일할 때가 좋은 거라 하던가
움직이다가 쉬게 된다고
이렇게 마음이 흔들린다면
더 큰 일들은 어떻게 넘기나

마음 여린 탓인가
조용히 한 열흘 마음 끌리는
그곳 정해 쉬었다 올까나

—「마음의 동요」 전문

  짐 보따리 하나 챙겨 떠나 볼까나/ 동해로 갈까 서해로 갈까… 하는 화자의 마음에 파동이 치기 시작한다. 1부에서는 줄곧 시인에게서 느껴지는 방랑의 잡을 수 없는 그 무엇이 이토록 고독한 절창으로 노래를 하고 있는가 하는 의구심을 가져본다. 짐 보따리 하나 챙겨서 동해로 서해로 아직 정해지지 않는 방향 설정으로 김삿갓 시인의 풍류가객의 여정을 자청하여 뒤따르는 것 같아 사뭇 진지하면서도 가슴 한편이 허전하고 아려온다. 사람들이 하는 말/ 일할 때가 좋은 거라 하던가/ 움직이다가 쉬게 된다고 / 이렇게 마음이 흔들린다면/ 더 큰 일들은 어떻게 넘기나// 마음 여린 탓인가/ 조용히 한 열흘 마음 끌리는/ 그곳 정해 쉬었다 올까나… 시에 대한 강경원 시인의 사랑과 애정의 농도가 탁월하다고 볼 수 있다.

일반적인 작가들과는 달리 시편마다 시에 대한 흠모와 긴절한 기도, 시를 쓰고자 하는 애환이 사무치게 자아 성찰의 길로 인도하는 것이다. 끝없이 품어내는 언어의 향기는 그만의 짙은 내음과 체취가 되어 이제는 시와 한마음 한 몸으로 일심동체(一心同體)의 길로 접어들었다.

## 2. 시인의 길은 수진지만(守眞志滿)의 도의이다

강경원 시인의 시적화자의 화두는 선비정신이 뚜렷하게 내포되어 있다. 사람의 도리와 올바르고 강직한 성품이 충만하다. 시인의 화자를 통해 드러나는 군자(君子)의 도(道)가 넉넉하게 느껴진다. 군자의 '도'란 학문과 진리의 뜻이 하늘에 닿지 않아도 타고난 인성과 반듯한 사상으로 살아가는 것이다. 남다르고 단아하게, 시를 쓰는 모양새도 참으로 솔직담백하여서 읽은 이로 하여금 호수와 같이 평온한 마음과 고요함을 준다.

진실되게 살았다 자부하지만
이웃들 그 사람 좋은 사람
칭송하지만

무슨 연유인지 잘못 살아온 듯
　이루지 못한 고개 숙인
　내면의 마음

　　　　—「내심」 전문

  시인의 화자는 무엇이 그리도 못다 한 일들이 많을까? 작품들을 곰삭혀 읽어보지만 시를 향한 그의 마음에는 아직도 훈풍이 아니라 삭풍이 일고 있다. 그게 무엇인지 곰곰이 생각에 젖어본다. 수행하는 자세로 지금까지 잘 살아왔다는 좋은 사람의 칭송은 받고 있지만 정작 자신은 후회와 반성의 태도로 겸손하고 어진 마음을 보인다. 그 태도가 그를 더욱더 살갑게 대변하는 듯하다. 요즈음 세상사람 같지 않은 시인의 내심이 훈훈하면서도 단단한 울림을 주고 있어서 시집 해설을 쓰는 자신도 강변을 산책하는 여유로움과 고요한 사색의 창(窓)에서 시와 화답의 시간을 조각하고 있다.

  진실되게 살았다 자부하지만/ 이웃들 그 사람 좋은 사람/ 칭송하지만/ 무슨 연유인지 잘못 살아온 듯/ 이루지 못한 고개 숙인/ 내면의 마음… 아무런 설명도 해설도 필요 없는 구절이다. 참 인생의 법도를 어긋나지 않고 하늘이 시키는 대로 살아온 시인의 검소하고 순박한 청정심이 감동을 주는 시편이다. 봄비, 약비처럼 잔잔한 울림으로 적셔주는 시편이 간결하고 좋다.

내 마음 의심병은 지난 시절

　　내가 남의 마음 훔친

　　경험에서 오는 그릇된 마음

　　　　　―「마음의 병」 전문

　간결하면서도 알 듯 말 듯한 시인의 상흔이 거울처럼 나타나 있다. 내 마음 의심병은 지난 시절/ 내가 남의 마음 훔친/ 경험에서 오는 그릇된 마음… 무슨 사연이 저토록 화자의 마음의 호수에 주홍 글씨 같은 화두를 던졌을까? 내 마음의 의심병이 아니라 자신도 알 수 없는 사모의 정이 내면 밖으로 표출된 시인의 순수하고 정직한 심사가 오히려 투명 거울을 바라보는 심경처럼 꾸밈없고 가식 없는 진솔함마저 묻어나는 시편이다.

　　詩라는 글자 정성 다해
　　일백 번 써 봐도

　　님들의 빛난 오묘한 글은
　　그렇게 써지지도 않고

　　잡다한 세상 수레바퀴 소리만
　　요란하게 귓전을 맴돌 뿐

　　한 발자국도 나설 수 없는 고뇌에

설운 눈물 방울 되어 이 밤도 흐른다

　　　　　　　　　─「詩의 목마름」 전문

　강경원 시인의 시편에서 나타나는 언어의 목마름에는 못다 채운 삶에 대한 갈증과 지나간 추억의 편린(片鱗)들을 조각하는 세세하고 간절한 그리움의 발자국들이 살아 꿈틀거리고 있다. 아무리 좋은 시를 쓰고 연마하여도 끓어오르는 갈증을 해소하지 못하는 아쉬움과 회한의 연민이 담숙하게 묻어 있다.
　詩라는 글자 정성 다해/ 일백 번 써 봐도// 잡다한 세상 수레바퀴 소리만/ 요란하게 귓전을 맴돌 뿐// 한 발자국도 나설 수 없는 고뇌에/ 설운 눈물 방울 되어 이 밤도 흐른다… 시인의 싱숭생숭한 마음을 바로 잡아줄 시에 대한 연모와, 남다르게 목마른 가슴을 불 지르고 있다는 점이 잘 나타난다. 시를 쓰고자 하는 화자의 이채로운 마음과 시공(時空)을 초월한 공허함 속에서 되살아나는 시의 유혹이 조화롭고 생경하다.

　시작 노트 뒤적거린다
　풀기 하나 없는
　지문 닳고 굳은 손으로는 잘 안 넘어간다

　궁리 끝에 다이소 가서
　물먹은 스펀지 두 개 사 왔다

　일하던 박 씨

사장님은 무슨 돈을 그리 많이 세길래
스펀지해면기를 두 개씩이나 사 오냐며
깐죽거린다

꼭 누가 보면 복권이라도 맞아
밤새는 줄 모르고
돈다발 세는 줄 알겠다

지렁이 밭고랑 기듯
끄적거려 놓은
어설픈 시 때문인 줄 모르고

―「습작기」 전문

흥미진진하고 재미나는 풍자, 혹은 해학적인 시편이다. 습작기 동안 시인의 일상이 얼마나 진실한 광경인지 모른다. 몇 번이고 정독하다가 시인의 숨김없는 마음 밭에 푹 주저앉아 버리고 있다. 시작노트 쓰려고 다이소까지 들러서 도구를 살 만큼의 열정이 돋보인다. 시인의 정성과 땀방울, 부요한 마음, 시를 위해 초로의 연륜에도 푸른 소년의 순진무구한 마음으로 살아가는 모습이 얼마나 경이로운지. 습작기 동안의 경험담을 시로 대변하는 화자의 모습에서 언어의 존귀한 영혼의 울림을 담고자 하는 숭고한 심상이 나타난다. 그 마음이 보배롭고 향기롭다.

시작 노트 뒤적거린다/ 풀기 하나 없는/ 지문 닳고 굳은 손으로는 잘 안 넘어간다… 지문까지 닳고 닳은 시인의 일상 속에서 퍼 올리는 것은 오로지 시에 대한 집념과 사랑이라 생각하니 마음 한 구석이 찡하다. 이처럼 시를 통하여 자신을 뒤돌아보며 금광을 캐듯 언어의 연금술의 의미를 겸허하게 받아들이려는 자세가 시에 대한 예절과 공경심이 탁월한 시인이다.

꼭 누가 보면 복권이라도 맞아/ 밤새는 줄 모르고/ 돈다발 세는 줄 알겠다… 꼭 누가 보면 복권이라도 맞은 줄 안다는 시인의 글에 대한 열정과 순정은 시인 중에 시인으로 높이 받아들인다. 수천수만의 등단 문인 중에서 이토록 시에 대한 정성과 사랑이 지극한 작가님은 보기 힘든 일이기 때문이다. 지렁이 밭고랑 기듯/ 끄적거려 놓은/ 어설픈 시 때문인 줄 모르고… 강경원 시인의 시에 대한 숨김없는 속살이 이토록 순수하고 탐스러운지 감복하는 마음이다.

### 3. 서정시인의 삶은 시(詩)에서 시작(詩作)된다

강경원 시인의 시를 읽고 이해하고 되새김질하면서 많은 것을 함께 공유하고 동행하고 있다. 그의 일상은 대부분 시와 동고동락(同苦同樂)할 것이다. 숱한 고난을 겪고 기쁨과 즐거움을 주고받으며 삶의 질은 향상시키고 자신만의 넉넉한 인생의 가치를 충분히 강구하는 훌륭한 시인임에 틀림이 없다.

시인다운 시인은 무엇일까. 일류대학을 졸업하고 집안내력이 출중하여 엄청난 부와 명예를 가졌다고 심금을 울리는 시를 쓰는 것이 아니다. 자고로 시인다운 시인이란, 권력보다 물질보다 명예보다 더더욱 값진 정신세계의 가치를 가진 자다. 영혼을 우려내는 시다운 시를 쓰는 시인, 추구하는 삶의 가치관도 시와 언행일치(言行一致)하는 시인이다. 제1부에서 제2부로 넘어오면서 제3부에서 접하는 시인의 시세계는 일관성이 있고 시를 잠시도 떠나본 적 없이 수도하며 사는 풍경이다. 이는 바로 시인의 올곧은 품성이라고 본다.

> 인자하면서도 우수에 젖은 듯
> 글 쓰는 선생님 멋있어요
>
> 조용함 묻어나는 미소
> 문단 풀어 정리된 속 이야기
>
> 길 떠나신 후에도 내 곁에
> 머무는 듯 마음에 끌리는
> 닮고 싶은 모습
>
> ―「시인 선생님」 전문

시인의 마음 한구석에 웅크리고 있는 시인 선생님에 대한 흠모와 존경심이 돋보이는 시편이다. 강경원 시인의 순박한 동심의 세계가 전해오는 잔잔하고 고요한 작품이라 굳이 그 어떤 미사여구와 좋은 해설도 가미하고 싶지 않을 정도로 간결한 작품에서 시인 선생님을 통하여 닮고 싶은 롤 모델의 우아하고 중후한 모습에서 시인의 풍모까지 클로즈업 된다. 길 떠나신 후에도 내 곁에/ 머무는 듯 마음에 끌리는/ 닮고 싶은 모습… 우리네 세상인심도 이토록 아름답고 진지한 사랑이 존재한다면 얼마나 행복한 세상이 될까 하는 바람을 가져본다.

> 2월 초 우리 집 앞 베란다 사랑초
> 밤에는 잎 접고 잠을 자는 듯
> 낮에는 활짝 핀 잎들의 특성
> 여리고 예쁜 꽃은 피어 있지만
> 오늘 한낮 잎이 펼쳐지지를 않았네
>
> 지난겨울 추울 때 창문 단속 잘 못해
> 일부 얼어버린 줄기 잎들
> 대낮 잎이 안 펴져 안쓰러운 마음
> 안고 있다가 무언가 내 잘못
> 때문인가 가슴 철렁
>
> 줄 수 있는 건 영양제 물 마음뿐
> 물을 흠뻑 주고 난 다음날 아침
> 제일 먼저 달려간 그곳 사랑초
> 이파리 활짝 펼쳐 미소 짓고 있었네
> 너무나 고맙고 미안한 마음
>
> —「사랑초 고마워」 전문

시인의 마음이 사랑초를 통하여 고스란히 드러나 있는 시편이다. 다소 뚝배기 같은 작품이지만 사랑초에 대한 진솔하고 애틋한 마음이 전달되고 있다. 매끄럽고 세련된 문장보다 더 정감이 가고 사랑초와 정이 깊은 화자의 심정을 원본대로 존중하고 싶다. 배움이 높으면 재능으로 세상에 빛을 발하지만, 세상에는 그보다 더 가치 있는 일도 많다. 화자를 통해 드러나는 시인의 꾸밈없고 숭고한 사랑이 학문보다 더 깊은 감동을 주고 있다. 강경원 시인의 시가 주는 진솔한 감정의 매력이라 할 수 있다.

>서산 해 넘어 그늘진 섬
>스산한 날씨 옷깃 여미는 때
>이른 새벽 노 저어
>고기잡이 떠난 남편
>
>이골 난 기다림 몇 번이던가
>검푸른 바다 쳐다보아도
>돌아오지 않고
>
>굴뚝에선 저녁 준비
>연기만 모락모락
>
>여느 때같이
>무슨 일 없겠지만
>무사하길 비는 마음
>
>웃으며 떠난 남편
>바다만 쳐다보며

수심 깊이 기다리는
섬 아낙 초롱 눈망울

—「수심에 잠긴 섬 아낙」 전문

　무슨 사연으로 섬 아낙의 풍경을 시편으로 옮겼을까? 하는 마음이 드는 작품이다. '섬'이라는 단어만 접해도 어딘지 쓸쓸하고 송연한 느낌이 드는데 제목부터가 '수심에 잠긴 섬 아낙'이라는 시름 젖은 표현이다. 제3부에서 눈길을 끌고 있는 아낙네의 섬세하고 담담한 태도가 작품에서 진하게 나타난다. 섬을 향해 우러나는 화자의 마음은 사뭇 경이롭고 진지하다.
　서산 해 넘어 그늘진 섬/ 스산한 날씨 옷깃 여미는 때/ 이른 새벽 노 저어/ 고기잡이 떠난 남편// 여느 때 같이/ 무슨 일 없겠지만/ 무사하길 비는 마음// 웃으며 떠난 남편/ 바다만 쳐다보며/ 수심 깊이 기다리는/ 섬 아낙 초롱 눈망울⋯ 섬마을 고기잡이 배편에 떠난 가족과 하염없이 뱃머리에 앉아 뱃고동 소리에 화들짝 놀라는 아낙네들의 먼 기다림은 무성영화의 한 장면 같다. 연마다 울컥하는 속울음이 눈에서 가슴으로 파고드는 쓸쓸한 시편이다. 시인의 시세계는 시인이 다방면으로 체험하고 겪어온 발자취가 시를 통해 수월하게 나타나는 풍경이다.

오늘도 난
묻지 마 여행을 떠난다

쉬웠든 안 쉬웠든
후딱 간 일주일

철석거릴 파도 바다 내음
갈매기 보고 싶고

자갈치 해변 광장에 음악하는
악사님 구경나온 관객분들

모두 들뜬 마음 같이 노래 들으며
어울려 구경하노라면

마음속 백년 묵은 체증
싹 내려가는 듯

나는 오늘도 여행 중

―「여행 중」 전문

 한동안 많이 성행하였던 '묻지 마' 여행객들의 모습이 떠오르는 풍경의 작품이다. 강경원 시인의 마음 언저리에는 서정과 낭만의 물결이 넘실거리며 파도치듯 언어를 풀어가고 있다. 시인이 거주하고 있는 곳에서 근 거리에 있는 부산 바다 냄새가 물씬 풍기는 듯 자갈치 해변 광장은 누구나 한 번쯤 가고 싶은 장소 중 하나일 것이다. 시의 주제에 걸맞은 여행지에서 수채화를 그리듯 소풍 떠나가는 어른아이 같은 동심의 세계는 내용만 접하여도 싱그럽다.

>  수고 많으십니다
>  버스요금 카드 찍고 자리 잡아
>  시작되는 폰 꺼내 보기
>
>  지루함 달래려 이어폰 음악 듣기
>  선잠으로 시간 때우기
>  옆 사람 피해 안 주려
>  조금 신경 쓸 뿐
>
>  촌놈 도시운전 서툴러
>  타본 버스
>  직접 운전한 내 차보다
>  더 편한 차인 듯
>  기사님 고맙습니다
>
>  —「고마운 버스」 전문

　생활 단면을 풍자하지 않고 있는 그대로 그림을 그리듯 써 내려간 시의 흐름 따라 버스 안 모습이 정겹다. 스케치하듯 잡아낸 생생하고 걸쭉한 버스 안 풍경은 시인의 마음과 화답을 하는 장면들이다. 우리 모두가 하루하루 겪고 있는 생중계 같은 작품이 비우고 내려놓는 쉼터처럼 교교하다. 촌놈 도시운전 서툴러/ 타본 버스/ 직접 운전한 내 차보다/ 더 편한 차인 듯/ 기사님 고맙습니다… 흥겨운 노랫말처럼 스쳐 지나가는 흔적들은 시인의 일지에서 시로 변환하고 있다.

> 좋은 소재가 생각날 땐
> 머릿속 한참을
> 이리저리 그리다
> 시장타당성 조사 후
> 성급한 판단은 피하고
>
> 될 법하면 심사숙고해
> 일부터 백까지를 나열하고
> 거기서 추리고 골라
>
> 작품 완성 위해
> 심혈 기울여 자로 재듯
> 칼로 자르듯 다듬고 간추려
>
> 인내하여 어르고 달래서
> 성공의 길로 모두
> 가셨으면 합니다
>
> ―「심사숙고」 전문

 강경원 시인의 시집 작품을 모두 섭렵한 후 하늘을 바라보니 구름 한 점 없이 맑고 푸른빛이 시인의 바다를 색칠하듯 맑고 청아하다. 자고로 시다운 시란, 어렵고 중후하고 기교 넘치게 쓴다고 명작품이 아니요, 그렇다고 내용 없이 텅 빈 마음으로 글을 성토한다고 모두가 작품이 아니다. 본 대로 느낀 대로 상상한 대로 화자의 생각을 바탕으로 써 내려가면 시가 되고 글이 된다는 뜻이다. 시는 시다워야 하고 사람은 사람답고 짐승은 짐승의 모습으로 살아가야 하늘이 내려주신 사명자로 존재할 수 있다. 더 나아가서는 사람의 굳게 닫힌 마음까지도 활짝 여는 것이 문학인의 힘이다. 강경원 시인의 작품들은 참으로 꾸밈이 없고 진심이 가득하다. 흐르는 강물처럼 유유히 글길 따라 동행하는, 비우고 내려놓은 영혼의 순례자인지도 모른다.

## 4. 유지경성(有志竟城)의 길을 걸으며
### 목가적(牧歌的)인 순수미학을 노래하는 서정시인

'뜻이 있는 곳에 길이 있다.'는 글처럼 시인의 목표 설정에는 확고한 의지와 굳은 절개가 자연스럽게 배어 있다. 종교를 넘어선 묵시자(默示自), 혹은 목가적(牧歌的)인 사고관념을 가진 시인임에는 틀림없다. 인간의 노력과 하늘의 깊은 뜻을 조화롭게 받아들이는 것들은 자연의 섭리에 맡기듯이 시인의 시적화자는 걸림이 없고 읽은 이로 하여금 이중 잣대가 없어서 좋다.

제4부로 갈무리하면서 시인의 작품세계에서 야생초 같은 풀 향기와 손 풍금소리 같은 유년의 아스라한 음악이 들려오는 듯하다. 그 언어의 내공과 잠재력이 특히 엿보인다. 첫 시집은 자연 모습 그대로 꾸밈이 없어야 하고 가식적인 포장을 해서도 안 된다. 간단하지만 어려운 그 기본을 시인은 잘 지켜냈다. 등단 이후, 상

경하여 사무실을 찾아온 시인의 때 묻지 않은 순수한 모습이 선명하다. 그 모습이 그대로 시가 되고, 시꽃으로 활짝 피어났다.

>모처럼 찾은 고향 동네 썰물 바닷가
>굴 고동 따개비들
>어디서 왔을까 오랫동안
>접해보지 못한 세계에 반가움 반
>신기함 반 두 눈 휘둥그래진다
>
>먹거리인 줄 알지만
>차마 욕심 부릴 수 없는 건
>육신의 독한 아픔 겪고 난
>깨달음인지
>
>음식으로는 잘도 먹으면서
>살아있는 것들에 손조차도 댈 수 없는
>되려 잘 살아야 해 쓰다듬 듯한 구애
>그 무엇은 저 넘어 환히 피어날
>미지 생에 대한 구애인가
>
>―「생의 구애」 전문

시인의 고향 동네에서 갯비린내가 난다. 바닷가를 그리워하는 시인의 마음이 사무치게 그려진 시편이다. 화자의 아득한 추억들이 파도의 물거품처럼 밀려왔다 다시 쓸려가는 듯, 눅눅한 마음에도 시원한 해풍이 불어오는 듯 상쾌함마저 감도는 작품이다. 단숨에 스며드는 감동이 있다.

　모처럼 찾은 고향 동네 썰물 바닷가/ 굴 고동 따개비들/ 어디서 왔을까 오랫동안/ 접해보지 못한 세계에 반가움 반/ 신기함 반 두 눈 휘둥그래진다… 산문시를 쓰듯 거침없이, 구애의 뜻글처럼 진솔하게, 각색 없이 써 내려간 시편이다. 몇 번이고 탐독하면 쉽게 이해할 수 있는 글 속에서 화자의 마음도 건져 올릴 수 있으리라 생각한다. 꾸밈이 없다는 것은 그만큼 그가 정직하고 솔직하다는 뜻이다. 단순한 삶의 터전을 일구면서 시를 쓴다는 것이 강점이자 무기이다. 쉽게 쓰면서도 독자에게 전달하는 어감에는 분명한 메시지를 내포하고 있다.

　　온 세상 굽이굽이 둘러
　　거치고 지내온 삶에서
　　내 믿음 붙듦 다 내려놓고
　　원으로 만들려 애쓰다

　　이 종교 저 신도들 다 따져
　　헤매 보니 마음만 어지럽고
　　세상이 돈다
　　이제 생각 고쳐먹고
　　고운 맘 들 때

　　내 마음속 세상 모든 종교
　　화해하는 마음으로
　　미워하지 않으리 그 후 자유

마음으로 훨 날아 보려고

　　　　　—「원」 전문

　원을 주제로 삼아 온 세상을 둘러보는 시인의 달관된 마음이 어수선한 신심을 바로잡아 보려 하는 마음이 역력하게 드러나 있다. 종교의 사선을 넘어 바라본 또 다른 세상의 해탈한 모습들이 시인의 가슴 한구석에 굽이치는 의구심을 말끔하게 걷어내고 있다. 시는 그 사람의 마음의 거울이다. 간접 체험과 직접 상황 판단으로 체험하는 소통의 창구를 언어로 표현하는 기법을 주로 사용하고 있다. 시인이란 자신만의 창조적인 작품 속에서 현실과 미래를 넘나드는 생활 전선을 달려가야 한다. 실비아 브라운이라는 예언자는 "태초에 하나님이 우리 자신을 위하여 미리 계획을 세웠고 그 계획은 영원하리라."고 선언하였다.

　이 종교 저 신도들 다 따져/ 헤매 보니 마음만 어지럽고/ 세상이 돈다/ 이제 생각 고쳐먹고/ 고운 맘 들 때/ 내 마음속 세상 모든 종교/ 화해하는 마음으로/ 미워하지 않으리/ 그 후 자유/ 마음으로 날아 보려고⋯ 깊은 화두가 배어 있는 담담한 시편이다.

　　길을 걷다 이름 모를 꽃들과
　　풀이 한데 어우러진 그 길을
　　미안해 밟고 지나가서

한참을 생각하게 만드는
　　인연은 무엇일까 고마워
　　그 꽃길 걷게 해 줘서

　　　　　　—「고마워」 전문

　강경원 시인의 작품 속에 빠져들다 보면 나이도 잊어 버릴 만큼 순진무구한 표현들이 동심의 세계로 타임머신을 타고 다니는 기분이 든다. 풀잎 하나에도 애틋한 감성을 지니고 야생초 들풀에게서 미안하고 고맙다는 마음을 전할 때 정경한 마음이 더 고맙소 하고 손 내밀어 주고 싶은 마음이 앞서는 작품이다. 간결하면서도 긴 여운을 남기는 시편 속에 꽃잎이 피고 진다.
　길을 걷다 이름 모를 꽃들과/ 풀들이 한데 어우러진 그 길을/ 미안해 밟고 지나가서…

　　이름조차도 모르는 쓸모없는 풀들
　　먹고 살기 위해 심어 키운 채소들은
　　물 주고 흙 덮어주고 애지중지 키우건만

　　옆에 덤으로 자란 잡초
　　천대와 멸시 주검으로 끝나니
　　토지에 스스로 자라도 기약
　　정해지지 않는 가여운 이름 없는 풀

　　　　　　—「잡초 · 1」 전문

무참히도 뿌리째 뽑히고
잘리니 서럽게 울음 운다
한참을 그러다 마음정리 후
제 갈 길 정해져 있다고 서둘러 길 떠날 듯

돌고 도는 윤회의 세계에서 아무도 모를 뿐
서럽고 어두운 곳 머물다 밝은 천상으로
이주하는 듯 모르긴 해도 그 잡초
이승 머무르는 동안 공덕 많이 쌓았을 듯

(부디 좋은 세상에 머무르소서)

—「잡초 · 2」전문

 화자는 잡초에 대한 연작시를 1, 2, 3, 4편으로 자신의 삶과 이입하여 자신만의 문학론으로, 감성을 시적으로 차분하게 정리하고 있다. 아무도 강경원 시인의 애환을 대신할 수 없으며 그 누구도 대신 살아줄 수 없을 것이다. 시인의 문학이란 초자연주의 같은 영혼의 울림과 열린 가슴으로 사물을 바라보는 형상으로 완성된다. 사시사철 시인의 가슴에 윤회(輪回)하는 이치는 그 누구도 막지 못할 것이다. 연작시의 속살을 더듬어 보니 자신을 낮추고 남을 높이는 하심(下心)이 시인의 가슴속에 고스란히 묻어 있다.

 독자들에게 사랑 받는 시란, 매끄럽고 화려하고 눈부신 작품이 아니라 가슴 깊은 곳에서 우려내는 간절한 기도의 서(書) 같은 감동을 주는 시이다. 혹자들이 아무리 미사여구(美辭麗句)를 쓴다 해도 진실한 작품세계는 능가하지 못하는 법이다. 제1부에서 제4부까지 강경원 시인의 꾸밈없는 시세계에 몰입되는 동안 꽃이 피고 지는 일조차 잊은 듯 무념무상(無念無想)의 경지에 도달한 듯 몸도 마음도 가뿐하였다.

앞으로 좋은 글 부지런히 쓰다 보면 반드시 더욱더 청량하고 멋진 작품으로 독자들에게 달려갈 것이라는 확신을 가지는 바이다. 시집 상재를 진심으로 축하한다.

문학세계대표작가선 1022

# 아우르는 삶

강경원 시집

인쇄 1판 1쇄  2024년 6월  3일
발행 1판 1쇄  2024년 6월 10일

지 은 이 : 강경원
펴 낸 이 : 김천우
펴 낸 곳 : 문학세계 출판부 / 도서출판 천우
등    록 : 1992. 2. 15. 제1-1307호
주    소 : 서울시 광진구 구의강변로 85 강우빌딩 7F
전    화 : 02)2298-7661
팩    스 : 02)2298-7665
http://cafe.naver.com/chunwu777
E-mail : cw7661@naver.com

ⓒ 강경원, 2024.

값 15,000원

＊도서출판 천우와 저자의 서면 동의 없는 무단 전재 및 복제를 금합니다.
＊저자와의 협의에 따라 인지는 생략합니다.

ISBN 978-89-7954-933-1